I0794684

Les animaux les plus meurtriers

Le grand requin blanc

Un livre de la collection Les branches de Crabtree

Amy Culliford

Crabtree Publishing
crabtreebooks.com

Soutien de l'école à la maison pour les parents, les gardiens et les enseignants

Ce livre très intéressant est conçu pour motiver les élèves en difficulté d'apprentissage grâce à des sujets captivants, tout en améliorant leur fluidité, leur vocabulaire et leur intérêt pour la lecture. Voici quelques questions et activités pour aider le lecteur ou la lectrice à développer ses capacités de compréhension.

Avant la lecture

- *De quoi ce livre parle-t-il?*
- *Qu'est-ce que je sais sur ce sujet?*
- *Qu'est-ce que je veux apprendre sur ce sujet?*
- *Pourquoi je lis ce livre?*

Pendant la lecture

- *Je me demande pourquoi...*
- *Je suis curieux de savoir...*
- *En quoi est-ce semblable à quelque chose que je sais déjà?*
- *Qu'est-ce que j'ai appris jusqu'à présent?*

Après la lecture

- *Qu'est-ce que l'autrice veut m'apprendre?*
- *Nomme quelques détails.*
- *Comment les photographies et les légendes m'aident-elles à mieux comprendre?*
- *Lis le livre à nouveau et cherche les mots de vocabulaire.*
- *Ai-je d'autres questions?*

Activités complémentaires

- *Quelle est ta section préférée de ce livre? Rédige un paragraphe à ce sujet.*
- *Fais un dessin représentant l'information que tu as préférée dans ce livre.*

TABLE DES MATIÈRES

LE GRAND REQUIN BLANC

C'est la superproduction de l'été 1975, *Les dents de la mer (Jaws)*, qui a non seulement changé Hollywood, mais aussi la perception des gens à propos des requins. Le personnage principal était un grand requin blanc géant.

Il terrifiait une communauté côtière en s’**attaquant** aux plaisanciers et aux nageurs. Après avoir vu le film, de nombreux cinéphiles ont eu du mal à retourner dans l’océan.

LA SQUALOPHOBIE EST LA PEUR DES REQUINS.

PRÉDATEUR DE L'OCÉAN

Aucun autre animal n'est aussi redouté que le requin. Il existe plus de 400 espèces de requins et la plupart sont inoffensifs. Mais certains peuvent être dangereux. Le grand requin blanc est le plus connu des requins et l'un des plus dangereux.

En raison du film *Les dents de la mer*, ces **prédateurs** de l'océan hantent les cauchemars de ceux qui s'aventurent dans l'eau.

LES GRANDS REQUINS BLANCS SONT CARNIVORES, ILS MANGENT DE LA VIANDE.

UN PHYSIQUE DE TUEUR

Le grand requin blanc tient son nom de sa couleur et de sa taille. Il est habituellement gris sur le dos et blanc sur le ventre.

Il fait partie de la famille des grands requins qui ont un museau pointu et de grands pores branchiaux. Le grand requin blanc est le plus gros poisson prédateur de l’océan.

LE GRAND REQUIN BLANC EST CONNU POUR SA TAILLE ÉNORME. IL EST GÉNÉRALEMENT DEUX FOIS PLUS GRAND QU’UN HUMAIN—EN MOYENNE 13 PIEDS (4 MÈTRES). LE PLUS GROS REQUIN A ATTEINT UNE LONGUEUR DE 20 PIEDS (6 MÈTRES)!

Le corps fuselé du grand requin blanc est musclé et conçu pour la vitesse. Sa queue puissante l’aide à se déplacer dans l’eau avec une faible résistance.

La caractéristique la plus reconnaissable est sans aucun doute la bouche du requin. Elle déborde de dents acérées en forme de triangle.

LES DENTS DU GRAND REQUIN BLANC SONT DENTELÉES. SON NOM SCIENTIFIQUE, CARCHARODON CARCHARIAS, SIGNIFIE DENTS DÉCHIQUETÉES.

L'HABITAT DU GRAND REQUIN BLANC

On peut trouver des grands requins blancs presque partout dans les océans. Ils préfèrent les eaux froides des côtes et du large, en particulier où vivent des phoques et d'autres grosses proies. Les grands requins blancs chassent souvent près de l'Australie, de l'Afrique du Sud et de la côte de la Californie, aux États-Unis.

AMÉRIQUE DU NORD
CALIFORNIE
AFRIQUE
AUSTRALIE
AFRIQUE DU SUD

DES PRÉDATEURS OPPORTUNISTES

Le grand requin blanc est un prédateur **opportuniste**. Son régime dépend de ce qui est disponible dans le secteur. Généralement, il mange de grosses proies comme des phoques, des otaries, des tortues de mer, de petites baleines et des poissons. Il lui arrive même de chasser d'autres requins.

La longévité du grand requin blanc est difficile à déterminer, mais les scientifiques croient qu'il peut vivre jusqu'à 50 ans ou plus.

Le grand requin blanc est une **espèce clé de voûte**. Cela signifie qu'il aide à garder les océans propres et sains. Notamment, il aide en **récupérant** et en se nourrissant des corps d'animaux morts. Chasser les animaux marins aide aussi à garder le contrôle sur ces populations.

Du nez à la queue, un bébé grand requin blanc est plus grand qu'un enfant de dix ans de taille moyenne!

LE SAVAIS-TU? LES FEMELLES NE PONDENT PAS D'ŒUFS COMME LES AUTRES POISSONS. ELLES DONNENT NAISSANCE À DES BÉBÉS REQUINS VIVANTS, APPELÉS REQUINEAUX, QUI MESURENT PRÈS DE 5 PIEDS (1,5 MÈTRE)!

DES ARMES MEURTRIÈRES

ARME NUMÉRO 1 : LES DENTS

Le grand requin blanc a cinq à sept rangées de dents. La première rangée comprend environ 50 dents, et plusieurs rangées se développent derrière la première. Les dents du grand requin blanc sont parfaites pour agripper et déchirer les proies. Quand une dent de la rangée du devant se brise, une dent de la deuxième rangée s'avance pour prendre sa place.

UN GRAND REQUIN BLANC PEUT UTILISER 20 000 DENTS OU PLUS PENDANT SA VIE.

Arme numéro 2 : la taille

Les grands requins blancs les plus gros atteignent plus de 20 pieds (6 mètres) et peuvent peser jusqu'à 5 000 livres (2 268 kg).

C'est environ la taille d'une camionnette!

Arme numéro 3 : les électrorécepteurs

Le grand requin blanc est un excellent chasseur, grâce à des organes sensoriels appelés électrorécepteurs. Ces minuscules organes sont situés autour du museau et de la mâchoire inférieure. Il s'agit de pores tubulaires qui contiennent des cellules en forme de cils. Ces organes aident à détecter les impulsions électriques dans l'eau produites par les proies.

ARME NUMÉRO 4 : LA VITESSE

N'imagine même pas essayer de nager plus vite qu'un grand requin blanc. Il est l'un des prédateurs les plus rapides de la mer. En un court instant, le grand requin blanc peut atteindre une vitesse de 35 miles à l'heure (56 km/h). Les humains les plus rapides atteignent 5 à 6 miles à l'heure (8 à 10 km/h) dans l'eau.

ATTAQUE DE REQUIN!

En 1963, Rodney Fox participait à une compétition de pêche au harpon. Sans avertissement, un énorme grand requin blanc s'est jeté sur lui. Il l'a agrippé par le torse et refusait de lâcher prise. Le requin a finalement libéré Rodney après que ce dernier ait enfoncé ses doigts dans les yeux du requin. Mais le mal était fait. Rodney a subi de terribles blessures. La morsure a causé de grandes plaies ouvertes, des os brisés et des dommages à ses organes internes. Rodney a été transporté d'urgence à l'hôpital, entre la vie et la mort. Il a fallu 462 points de suture pour refermer ses plaies. Miraculeusement, Rodney s'est rétabli, mais il gardera toujours l'énorme cicatrice en forme de bouche de requin. Rodney affirme qu'il a encore une dent de requin dans son poignet. Malgré cette attaque terrifiante, il était de retour sur l'océan pour pêcher au harpon un an plus tard.

OBSERVATION RAPPROCHÉE DES REQUINS

Pour étudier les requins, les scientifiques doivent aller dans l'eau. Ils utilisent souvent une cage anti-requin pour observer les espèces de requins dangereux comme le grand requin blanc. La cage de métal très résistant offre un environnement sécuritaire pour l'étude rapprochée.

La plongée en cage est aussi une activité populaire dans certaines régions. Les plongeurs restent dans la cage pendant qu'on jette des **appâts** dans l'eau pour attirer les requins.

Les équipes de tournage sous-marines utilisent aussi des cages anti-requin. C'est de cette façon que certaines des images incroyables de requins sont tournées pour les émissions de la semaine des requins que la chaîne de télévision Discovery diffuse chaque été.

RODNEY FOX A AIDÉ À FAIRE L'ESSAI DES PREMIÈRES CAGES DE SÉCURITÉ POUR PROTÉGER LES PLONGEURS EN PRÉSENCE DE DANGEREUX REQUINS. AUJOURD'HUI, IL EST UN AGENT DE CONSERVATION DES REQUINS ET L'UN DES PLUS ÉMINENTS SPÉCIALISTES DES GRANDS REQUINS BLANCS.

Les gens vont dans la mer des millions de fois chaque année. Pourtant, il y a généralement moins de 100 attaques de requin par année dans le monde. Comparativement aux centaines de millions de requins et de raies qui sont pêchés chaque année par les **pêcheries** du monde entier, il est facile de voir pourquoi les requins ont plus à craindre des humains que le contraire.

LES ATTAQUES DE REQUINS CAUSENT ENVIRON QUATRE DÉCÈS EN MOYENNE CHAQUE ANNÉE.

UN PRÉDATEUR EFFICACE

Le grand requin blanc est l'un des prédateurs les plus **redoutables** sur la Terre. À part l'humain, son seul ennemi naturel est le puissant épaulard. En tant qu'espèce, les grands requins blancs sont si efficaces qu'ils n'ont pratiquement pas changé depuis des millions d'années. C'est pourquoi le grand requin blanc est l'un des animaux les plus meurtriers au monde.

Les attaques de requin font les manchettes, mais elles sont très rares. Les scientifiques croient que la plupart des attaques sur des humains sont accidentelles. Les requins prennent simplement les humains pour leurs proies habituelles.

GLOSSAIRE

agent de conservation (a-jan de kon-sser-va-ssion) : Une personne qui soutient la protection de la faune et de l'environnement et qui agit en conséquence

appât (a-pa) : De la nourriture qui sert à attirer des animaux

attaquant (a-ta-kan) : Un animal chassant un autre animal

carnivores (kar-ni-vor) : Des animaux qui mangent de la viande

dentelées (dan-te-lé) : Avoir un côté en forme de scie

espèce clé de voûte (èss-pèss klé de voutt) : Une espèce dans un écosystème qui aide à maintenir l'écosystème en santé

opportuniste (o-por-tu-nist) : Qui profite d'une situation immédiate

pêcheries (pê-che-ri) : Des entreprises qui pêchent, transforment et vendent des poissons

prédateurs (pré-da-teur) : Des animaux qui chassent et mangent d'autres animaux

récupérant (ré-ku-pé-ran) : Chercher de la nourriture dans les déchets

redoutable (re-dou-tabl) : Dangereux

squalophobie (skoua-lo-fo-bi) : La peur extrême des requins

Index

Sites Web à consulter

https://kids.nationalgeographic.com/animals/fish/great-white-shark/

https://ocean.si.edu/ocean-life/sharks-rays/great-white-shark

http://www.natgeokids.com/uk/discover/animals/sea-life/great-white-sharks/

À PROPOS DE L'AUTRICE

Amy Culliford

Amy Culliford a un baccalauréat en beaux-arts. Elle est professeure d'art dramatique et dirige des programmes parascolaires d'art dramatique. Elle évite les animaux meurtriers en tout genre.

L'autrice souhaite remercier David et Patricia Armentrout pour leur recherche et leur aide dans le cadre de ce projet.

Crabtree Publishing

crabtreebooks.com 800-387-7650

Au Canada : Nous reconnaissons l'appui financier du gouvernement du Canada par l'entremise du Fonds du livre du Canada pour nos activités de publication.

Paperback 978-1-0396-0300-4
Ebook (pdf) 978-1-0396-0306-6
Epub 978-1-0396-0312-7
Read-along 978-1-0398-0355-8
Audio book 978-1-0396-6686-3

Catalogage avant publication de Bibliothèque et Archives Canada

Titre: Le grand requin blanc / Amy Culliford.
Autres titres: Great white shark. Français.
Noms: Culliford, Amy, 1992- auteur.
Description: Mention de collection: Les animaux les plus meurtriers | Les branches de Crabtree | Traduction de : Great white shark. | Comprend un index.
Identifiants: Canadiana (livre imprimé) 20210309385 | Canadiana (livre numérique) 20210309393 | ISBN 9781039603004 (couverture souple) | ISBN 9781039603066 (HTML) | ISBN 9781039603127 (EPUB)
Vedettes-matière: RVM: Requin blanc—Ouvrages pour la jeunesse. | RVMGF: Documents pour la jeunesse.
Classification: LCC QL638.95.L3 C8514 2022 | CDD j597.3/3—dc23

Imprimé au Canada/042024/CPC20240419

Publié au Canada
Crabtree Publishing
616 Welland Ave.
St. Catharines, Ontario
L2M 5V6

Publié aux États-Unis
Crabtree Publishing
347 Fifth Avenue
Suite 1402-145
New York, NY, 10016

Production : Blue Door Education pour Crabtree Publishing
Autrice : Amy Culliford
Conception : Jennifer Dydyk
Révision : Tracy Nelson Maurer
Correctrice : Crystal Sikkens
Traduction : Annie Evearts

Références photographiques : Photo de la couverture © Alessandro De Maddalena/Shutterstock.com, éclaboussure rouge sur la couverture et dans le livre © Andrii Symonenko /Shutterstock.com, p. 4-5, 14, 15, 18, 19, 28, 29 (océan en arrière-plan) © Alexmumu/istockphoto.com, (requin complet) © Grisha Shoolepoff/istockphoto.com, (nageoire de requin) © DigtialStorm/istockphoto.com, p. 6, 7, 26, 27 (océan en arrière-plan) © vitacopS/istockphoto. com, p. 6 (requin) © Howard Chen/istockphoto. com, p. 7 (requin) © slowmotiongli/istockphoto.com, p. 8, 9, 11, 12, 13, 16, 17, 20, 21, 24, 25 (océan en arrière-plan) © shevtsovy/istockphoto.com, p. 8 (requin) © Whitepointer/istockphoto.com, (nageoire) © DigtialStorm/ istockphoto.com, p. 9 (haut) © RamonCarretero /istockphoto.com, (photo en médaillon) © solarseven/istockphoto.com, p. 10 © atese/istockphoto. com, p. 11 (haut) ©Peter_Nile/istockphoto.com, (bas) © BELOW_ SURFACE/istockphoto.com, p. 12 © William Buchheit /istockphoto.com, p. 13 © USO/istockphoto.com, (carte) © lukbar/istockphoto. com, p. 14 (requin) © Peter_Nile/istockphoto.com, p. 15 (haut) atese/istockphoto. com, (centre et bas) © USO/istockphoto.com, p. 16 © USO/istockphoto. com, p. 17 (requin) © Geerati/ istockphoto.com, (fillette) © loco75/ istockphoto.com, p. 18 © Mark Kostich/istockphoto.com, p. 19 (requin) © ELizabethHoffmann/istockphoto.com, (mâchoires) © geckophoto/ istockphoto.com, (camionnette) © Vladimiroquai/istockphoto.com, p. 20 (les deux requins) © Alessandro De Maddalena /istockphoto. com, p. 21 (les deux requins) © RamonCarretero /istockphoto.com, p. 22-23 © Willyam Bradberry/ Shutterstock.com, p. 24 © atese /istockphoto.com, p. 25 © izanbar/istockphoto.com, p. 26 © rypson/istockphoto.com, p. 27 (haut) atese/istockphoto.com, (bas) © Koichi Yoshii/istockphoto. com, p. 28 © Tsvyatko Terziev/istockphoto.com, p. 29 (haut) © MogensTrolle/ istockphoto.com, (bas) © Nuture/istockphoto.com